PUBLICADO PELA **PLATAFORMA9**

19 DE OUTUBRO, 2024

NITERÓI, BRASIL

ISBN: 978-65-85267-06-9

PLATAFORMA9P9.COM

MATA
dos minilagos
Mirna Wabi-Sabi

Índice

Introdução

Viver na cidade não precisa ser a antítese de viver na natureza. A cidade pode, e deve, evoluir para se tornar sua própria expressão da natureza — para se tornar um novo ecossistema natural. Para isso acontecer, não é preciso uma revolução. Esta mini antologia, *MATA dos minilagos*[1], mostra que o potencial social e ambiental da metrópole vem do desenvolvimento de uma ciência evolucionária[2] aplicada no dia a dia urbano.

Borboletas podem reconhecer os formatos de folhas de diferentes espécies de maracujá, e escolher as espécies mais abundantes para depositar seus ovos e se alimentar. Dessa forma, elas protegem a espécie mais rara, e contribuem para a preservação da diversidade da flora da qual elas dependem para sobreviver.[3] O abacate já precisou da megafauna para dispersar suas sementes. Agora que esses mamíferos gigantes estão extintos, o abacate conseguiu usufruir de nós, seres humanos, para garantir sua proliferação e dispersão através da domesticação.[4]

---

[1] A terceira edição da coleção de mini antologias MATA.

[2] Como no vocabulário de Thorstein Veblen.

[3] "Butterfly Learning and the Diversification of Plant Leaf Shape", Dell'Aglio, et al. (DOI: 10.3389/fevo.2016.00081)

[4] *The Ghosts Of Evolution*, Barlow (ISBN: 9780786724895)

Ao implementar no dia a dia da cidade ciências evolucionárias como essas, das quais fazemos parte como seres humanos, temos a oportunidade de transformar o contexto urbano em uma estrutura social e ambiental que condiz com a natureza humana e seu desejo instintivo de sobreviver. **A metrópole pode ser coerente com a vida.**

Para implementar essa transformação, o grande desafio não é a tomada de poder, ou um ato revolucionário pontual. É necessário instigar uma mudança de perspectiva coletiva sobre qual é a função do indivíduo em suas comunidades e meio ambiente, e a função do ser humano no planeta. Nossa era evidenciou que fazer dinheiro não significa sobreviver como espécie, nossa função como ser vivo não é comprar e ter. Se a fauna e a flora do planeta, entre outras coisas, exercem uma função, qual é a nossa?

Os seguintes artigos[5] abordam temas que orbitam o **ambientalismo urbano** e as diversas questões que cruzam esse conceito, como biologia, antropologia, história, economia, gestão pública, desigualdade social, e poluição.

---

[5] Escritos entre dezembro de 2021 e fevereiro de 2024.

O Que Laguinhos Podem Nos Ensinar

Hoje em dia, ficou mais fácil imaginar um mosquito geneticamente modificado para ser estéril do que aprender quais animais em nossa área são seus predadores naturais. Isso provavelmente ocorre porque é mais fácil votar num político que possa endossar pesquisas e implementar políticas contra a dengue do que observar e estudar o comportamento da vida selvagem local. A maioria de nós não tem tempo e recursos para este tipo de pesquisa, mas, o mais importante, nos falta interesse ou motivação (quem sabe o que veio primeiro). Não precisamos olhar de perto, no entanto, para ver que as políticas governamentais e políticos são falhos e equivocados, especialmente no que diz respeito a práticas ambientalmente sustentáveis. Uma alternativa a continuar contando com eles poderia ser tomar certas medidas nós mesmos, mesmo que no microcosmo de nossas próprias vidas.

Felizmente, passei a pandemia socialmente isolada numa casa com um jardim, numa área do Brasil conhecida pela vegetação rochosa de Mata Atlântica, e pude trabalhar remotamente. Tempo e recursos estavam disponíveis para mim, e eu aproveitei isso para começar a fazer todas aquelas coisas que pensamos em fazer, mas nunca temos tempo. Uma horta, compostagem, pão, tomar sol, exercícios, e assim por diante. Mas a saga do laguinho começou mais tarde e me consumiu de uma forma inesperada.

Rapidamente, ficou claro para mim que construir um mini lago é uma lição de biologia difícil e valiosa. Quanto mais você aprende, mais percebe o quão pouco sabe.

Tudo começou com as visitas noturnas de um sapo à tigela de água dos cachorros. Depois da primeira vez em que o vi, todas as noites na mesma hora, sua presença era certa. E toda vez que o via, agora batizado de Danny DeFrog (em homenagem a Danny DeVito), pensava em como minha vizinhança é hostil à vida selvagem — riachos são poluídos, árvores são cortadas para dar espaço para estruturas de concreto e o crescimento espontâneo de plantas é considerado "sujeira". Depois de algumas semanas, decidi fazer um mini lago para o Danny, o que me levou ladeira abaixo. Como posso fazer um lago sem criar um ponto de proliferação de mosquitos? Como posso fazer isso sem arrastar uma extensão pelo quintal para ligar um filtro elétrico? As perguntas nunca pararam desde então.

Deixe-me contar um pouco do que aprendi — o que está longe de ser tudo o que há para se saber.

As lojas de aquários são meio deprimentes. Os peixes são muito baratos, tratados como descartáveis, e os sistemas são entregues como ambientes higiênicos controlados, onde o ser humano pode ter o maior controle possível sobre as variáveis. Na natureza, porém, existem infinitas variáveis a serem consideradas, todas imprevisíveis e diversas.

Basicamente, vários tipos de peixes comem larvas de mosquitos, nem todos esses peixes existem na natureza. Muitos são raças domesticadas, como cães e gatos. Portanto, criar um biótopo de peixinho dourado é um oximoro. No entanto, eles precisam de um sistema de filtragem e a maioria precisa de aeração de água. Na natureza, não há bombas e filtros fazendo isso para os peixes, mas recriar este ambiente natural é incrivelmente difícil e uma lição poderosa sobre a natureza.

Resumindo — o peixe faz cocô na água, as bactérias decompõem esses resíduos, transformando-os em nutrientes. Esses nutrientes, por sua vez, são consumidos por plantas aquáticas e algas. Quanto mais as plantas consomem esses nutrientes, menos nutrientes sobram para as algas se alimentarem, mantendo-as sob controle e a água clara. Algumas plantas aquáticas, principalmente as que estão totalmente submersas, também oxigenam a água. Este é o princípio básico. O truque é encontrar um equilíbrio entre esses elementos.

Tomar consciência desses elementos, intensamente presentes em nosso dia a dia, é esclarecedor. Percebemos a qualidade da água e do ar, com que frequência chove, com que frequência e onde o sol brilha e com quais seres vivos compartilhamos este espaço. Por exemplo, seixos, rochas e superfícies ásperas debaixo d'água são boas para hospedar muitas bactérias, mas seixos muito pequenos podem ser comidos por peixes maiores, e algumas rochas podem liberar nutrientes na água que alteram seu pH. Níveis e mudanças drásticas de pH estressam os peixes (às vezes causando a morte), e é possível identificar mudanças em seu comportamento.

A água da torneira mata os peixes; há muitos produtos químicos. Há todo um processo de espera pela evaporação dos produtos químicos ou de tratamento da água de diferentes maneiras. Até a água da chuva pode ser contaminada pela poluição do ar. À medida que a água evapora com o calor e o sol, a água do lago fica mais dura, mais densa de nutrientes e o pH é alterado com o tempo. Por outro lado, as plantas aquáticas precisam do sol, e você pode ver quando elas tiveram muito sol; as folhas ficam amarelas.

Trocas parciais de água a cada poucas semanas são ótimas para manter o lago claro e limpo, assim que você garanta de que não está descartando ovos, ninfas e outros pequenos animais que criaram um lar neste lago. E por parcial quero dizer: nunca substituir mais de 40% do conteúdo total de água de uma vez, para não perturbar o ecossistema muito rápido. Água de peixes rica em nutrientes pode ser usada para regar plantas em vasos, e água tratada limpa pode ser usada para encher o lago de novo.

Tornar-se consciente do equilíbrio entre o brilho do sol e a chuva no que se refere a outros seres além de você é muito enriquecedor. E, acredite em mim, muitos outros seres aparecerão num lago natural. No primeiro mês, eu estava vendo ovos e minhocas, tirei fotos e tentei identificar o que eram. Os peixes comeram as minhocas e os ovos viraram caracóis. Os caracóis comem todos os tipos de restos de matéria orgânica e ajudam a limpar o lago (assim como os camarões), e alguns até oxigenam a água. Mas se eles morrem, fica um cheiro ruim, e eles podem se reproduzir fora de controle. As carpas gostam de comer esses pequenos caramujos, com a concha mais macia. Mas os peixes menores não.

As sanguessugas, no entanto, vão manter a população de caramujos sob controle, sugando-os até secar e deixando apenas a concha. Você pode distinguir uma sanguessuga de uma minhoca pela maneira como ela se move e sua forma — elas têm cabeças pequenas e extremidades traseiras mais largas, movendo-se como acordeões. Se um grudar na sua pele, não se preocupe, a maioria não é prejudicial para humanos e peixes. Essas sanguessugas aparecem do nada e podem se tornar ainda mais populosas do que os caracóis. Nesse caso, você pode usar folhas secas de amendoeira para manter sua população sob controle. Debaixo d'água, essas folhas liberam nutrientes que controlam a qualidade da água.

O ser mais empolgante que testemunhei fazer um lar no lago foi uma libélula. Um dia, notei uma voando, mergulhando a cauda na superfície da água repetidamente. Aparentemente, ela estava botando seus ovos ali. Havia tanta coisa que eu não sabia sobre o ciclo de vida de uma libélula e pude testemunhar de perto. Acontece que as libélulas passam a maior parte de suas vidas debaixo d'água, como ninfas. As ninfas da libélula comem sanguessugas, larvas, girinos e até peixes pequenos. Começam como ninfas minúsculas, transparentes ou verdes, com patas, cabeça e cauda. Ela eventualmente se transforma em uma coisa de seis pernas, com aparência de uma barata debaixo d'água. Eventualmente (no meu caso, quase um ano depois) ela sai de sua pele como uma cobra, e voa para acasalar e colocar ovos em outro lago (se elas não forem comidas por pássaros primeiro, claro). Além disso, é um animal tão antigo que coexistiu com dinossauros. Seus ancestrais são de mais de 200 milhões de anos atrás!

Às vezes, você tenta resolver um problema e cria outro. Um dos meus peixes morreu por causa do que parecia ser uma infecção fúngica. Havia manchas brancas como algodão no lago e no peixe. Embora uma pequena quantidade de sal marinho puro na água possa ajudar a combater a erupção de bactérias e fungos (mesmo em lagos de água doce), esse tratamento com sal matou minhas plantas aquáticas. Várias coisas podem matar as plantas. Peixes mordiscam as raízes, lagartas e vermes se alimentam das folhas, falta de sol, etc. Claro, eu quero que as borboletas sobrevivam; o truque é ter plantas suficientes, então você pode sacrificar uma ou duas para elas.

Na verdade, as plantas aquáticas não são fáceis de encontrar e costumam ser mais caras do que os peixes. Transportá-las por longas distâncias é complicado e, quando você encontra algo, geralmente é o mesmo tipo de espécie (útil, embora invasiva). Existem vários tipos. Algumas flutuam; algumas enraízam-se apenas em água com folhas secas; algumas enraízam em substrato no fundo do laguinho ou em vasos submersos; algumas precisam ser completamente submersas e são impedidas de flutuar por rochas, seixos ou substrato. O substrato é complicado porque pode facilmente afetar a água, seu pH, sua clareza, etc. Então, você tem que encontrar uma maneira de cobrir o solo rico em nutrientes com areia e pedras, para que não faça bagunça na água. A variedade é valiosa porque cada planta tem suas características e comportamento, e pode desempenhar papéis diferentes e importantes.

A batata-doce, por exemplo, é ótima para remover nitratos da água. Um terço dela fica submersa e o resto acima da água. Rapidamente, as raízes crescem, e os caules e folhas sobem. Mas depois de 2 meses é melhor remover, pois, se apodrecerem, os peixes podem morrer. Nesse momento, pode-se destacar os caules e colocá-los de volta na água, descartando o restante na compostagem. Novas raízes vão crescer e o processo pode ser repetido a cada 2 meses. Existem também várias plantas domésticas que crescem em vasos que podem crescer facilmente apenas em água, como a planta Aranha, Filodendros, Lírio Flamingo, Caladium bicolor, Syngonium podophyllum, Bambu da sorte, a família de plantas Cyperus e assim por diante. Sem falar em musgo. Existem tantos tipos e são difíceis de cultivar, mas são fantásticos para a qualidade do ar em torno do seu lago, o que é importante para os peixes, uma vez que precisam de oxigenação também.

Um japonês chamado Shinya, que cria biótopos e mossários com Medakas, foi meu primeiro ídolo de minilagos. Os tipos de plantas e peixes, sem falar na localização, são literalmente do lado oposto do mundo do meu. Mas, embora fosse impossível imitar seu processo, foi incrivelmente útil e inspirador ver o trabalho dele. As informações que compartilho aqui são baseadas na minha experiência pessoal, num contexto geográfico e social específico, portanto, não podem ser reproduzidas de forma idêntica em nenhum outro lugar. Mas esse é o problema de sair do paradigma da industrialização — a natureza não é uma linha de montagem. Não pode ser entregue, só pode ser descoberta, e a jornada é nossa.

Podemos ser incapazes de controlar diretamente os níveis de poluição do ar de nossas cidades, mas conhecer e aplicar os fundamentos disso ao nosso reino pessoal e comunitário é um primeiro passo valioso. No mínimo, pode mudar a forma como nos sentimos e nos apresentar a novos conhecimentos que são imediatamente usados e colocados em prática. Mais importante ainda, essas microiniciativas podem nos ajudar a nos conectar com nosso ambiente natural de uma forma mais saudável e sustentável, e podem expandir e melhorar nossa perspectiva do lugar onde vivemos.

AGUAPÉ

Esta planta aquática flutuante é considerada invasora. Na natureza, ela pode se espalhar e cobrir toda a superfície de um corpo d'água. Seu excesso costuma ser usado como adubo verde. Por outro lado, sua incrível capacidade de filtrar a água a torna útil no tratamento de esgoto. Ela também tem belas flores, embora de curta duração.

ALFACE D'ÁGUA

Esta planta aquática flutuante reproduz-se incrivelmente rápido e tem a capacidade de oxigenar a água e também de filtrar. Precisa de sol, e depois de dias chuvosos, elas podem precisar que se apare as mudinhas.

Batatas Doces

Colocar 1/3 na água, 2/3 acima da superfície. As raízes vão crescer, removendo nitratos da água, enquanto as folhas se espalham como vinhas. Remova após 2 meses para evitar o apodrecimento. Retire os caules e coloque-os de volta na água, descartando o restante no composto. Novas raízes vão crescer e o processo pode ser repetido a cada 2 meses.

Folhas De Amendoeira

Lave as folhas secas suavemente com uma esponja e água corrente, para minimizar a contaminação de coisas desconhecidas na sujeira. Deixe secar, guarde em potes, e uma vez por mês coloque uma folha inteira para cada 40 litros de água no lago. À medida que se dissolve e se degrada, ela ajuda o sistema imunológico dos peixes, reduz o estresse, previne doenças, tem propriedades antifúngicas e antibacterianas e reduz naturalmente o pH.

CARAMUJOS

Os caramujos são bons em comer o excesso de matéria orgânica e sobras de ração para peixes e ajudam a manter o tanque limpo. Eles também oxigenam um pouco a água, a menos que morram e apodreçam no fundo do lago, deixando o local fedido também. Alguns tipos se reproduzem muito rápido. A carpa gosta de comer os pequeninos com a casca ainda mole, o que mantém a população sob controle. No entanto, peixes menores como guppy's e platy's não os comem.

SANGUESSUGAS

Sanguessugas comem caramujos. Elas se parecem com minhocas, mas com cabeças pequenas e costas mais largas, movendo-se como acordeões em vez de chacoalharem que nem minhocas. Carpas e Koi também adoram comer isso, comem quase tudo. Mas, novamente, com os peixes pequenos, temos que ficar de olho no quão equilibrada está a população de caramujos / sanguessugas. Se houver muitos caramujos e apenas algumas sanguessugas, deixe para lá e as sanguessugas vão fazer seu trabalho aos poucos. Se os caracóis começarem a desaparecer e muitas sanguessugas, maiores, começarem a dominar a área — experimente colocar novas folhas amendoeira secas.

LIBÉLULAS

As ninfas da libélula comem sanguessugas, larvas, girinos e até peixes pequenos. Se você vir uma libélula voando e mergulhando sua bunda na superfície da água, ela está deixando cair ovos. Eventualmente, você verá uma ninfa pequena, transparente ou verde, com pernas, cabeça e cauda. Ela eventualmente se transforma em uma coisa de seis pernas, com aparência de uma barata debaixo d'água. Eventualmente, ela sai de sua pele como uma cobra e voa, para acasalar e colocar ovos em outro lago. Ela passa a maior parte de sua vida debaixo d'água e é um animal tão antigo que coexistiu com dinossauros.

SAPOS

Eles vêm, bagunçam as plantas, fazem cocô na água, mas são ótimos — comem mosquitos. Eles podem botar ovos e os girinos saem, mas nem sempre sobrevivem, pois, pode haver predadores, como os besouros subaquáticos e as ninfas libélulas.

Vírus e Colonização: Nossa Relação com os Mosquitos

Parece que vivemos em tempos sem precedentes e, de fato, ninguém vivo já testemunhou uma pandemia viral dessa magnitude. Esta não é, no entanto, a 1ª pandemia viral da história, razão pela qual os comentaristas políticos internacionais traçaram paralelos com outras como SARS, Ebola, Influenza etc. Porém, com base em onde moro — Niterói — o paralelo que se destaca é com infecções transmitidas por mosquitos; Dengue, Chikungunya, Febre Amarela e assim por diante.

As campanhas de saúde pública sobre a prevenção da Dengue no Brasil foram constantes ao longo da minha vida, e nunca me ocorreu ou a ninguém ao meu redor questionar sua mensagem — mosquitos transmitem a doença, e água limpa estagnada é o que eles precisam para proliferar. Portanto, todos devem fazer o possível para minimizar esses vetores de doenças, já que o mosquito nascido em sua casa não respeita limites de propriedade e se alimenta de qualquer pessoa. Isso nunca se tornou uma questão partidária, a ciência por trás disso não foi questionada e a negligência com os requisitos de saúde pública é desaprovada.

Apesar de não ter aprendido a distinguir entre larvas de mosquito e de outros animais, e de suspeitar da autoridade governamental, nunca me ocorreu questionar a ciência por trás do ciclo de vida de um mosquito transmissor de doenças. Sou uma mulher que mora sozinha, e o fiscal da Dengue é o único homem desconhecido que bate na minha porta e permito que entre na minha casa. Cada pequeno corpo de água artificial que vejo vem com um sinal de perigo, e desenvolvi memória muscular ao virar recipientes que coletam água.

Em 2008, a *National Public Radio* dos EUA publicou um artigo descrevendo os mosquitos como "Viet Congs da natureza"; defensores "das samambaias, borboletas, besouros e formigas da humanidade". Na época, achei que fazia sentido. As cidades crescem, substituem a floresta, e os mosquitos são o incômodo que resta. Mas após uma reflexão mais aprofundada, especialmente no contexto do COVID, a analogia parece inepta.

Desde quando os vietcongues não fazem parte da humanidade e a humanidade não faz parte da natureza? Mais importante ainda, não já havia humanos vivendo na floresta antes dos mosquitos começarem a tentar repelir a humanidade da "natureza"? Como os povos indígenas lidavam com os mosquitos infestados de vírus?

A resposta é: não lidavam. Não havia Dengue antes da colonização.

É amplamente reconhecido que infecções virais foram usadas como armas contra civilizações nativas por colonos, o cobertor de catapora como o exemplo mais notório. O Aedes aegypti, o mosquito que transmite a Dengue, Chikungunya, Zika, Febre Amarela e outros vírus, veio como ovos na água trazida em navios da África no século 16. No século 18, houve surtos de infecções em 3 ou mais continentes ao mesmo tempo.

Bem, estamos aqui, agora, ainda lutando para manter esse vírus sob controle. A abordagem tem sido tornar nosso ambiente urbano pouco acolhedor para essas criaturas. Significando: sem excesso de plantas que lhes dão sombra e bloqueiam a brisa que os arrastam; sem matéria orgânica porque contêm açúcares vegetais dos quais os mosquitos se alimentam; sem superfícies irregulares e sujas que possam reter o líquido onde eles depositam ovos. Infelizmente, isso também leva à expulsão de qualquer outro ser vivo além dos humanos. Sem plantas também significa sem borboletas; nenhuma matéria orgânica também significa ausência de minhocas e fertilidade para as plantas; sem água também significa sem sapos e libélulas.

O paradoxo é a necessidade de mais água, plantas e matéria orgânica para atrair mais animais que são predadores naturais de mosquitos e suas larvas. A biodiversidade tem um efeito cascata positivo, onde a água atrai mosquitos, que atraem sapos que comem mosquitos. Se adicionarmos à mistura besouros, pássaros, aranhas, lagartos, caracóis, formigas, borboletas, libélulas, minhocas, aranhas d'água, etc., podemos ver que os mosquitos vêm sozinhos quando há um pneu aleatório tomando chuva na beira da estrada. De certa forma, é como o princípio de uma vacina — não evite o problema, exponha-se com segurança a ele e encontre um equilíbrio orgânico saudável para combatê-lo.

O equilíbrio não é algo simples de se alcançar, muito menos na escala de um planeta inteiro. Talvez a mudança em direção ao equilíbrio que podemos alcançar esteja no âmbito de nossas vidas pessoais e numa mudança de perspectiva. Isso já é muito trabalho, mas é onde toda grande ideia começa. Questionar a autoridade e suas instituições pouco confiáveis não vem à custa do aprendizado de biologia. Na verdade, o questionar depende desse conhecimento biológico — de que outra forma reconheceremos as falácias do sistema e reuniremos as ferramentas para falar a verdade e demandar a coerência?

O Conceito de Capital Natural Está Nos Levando a Um Beco Sem Saída

Durante décadas, a comoditização da natureza e da agricultura em detrimento do planeta e da população – seja de humanos, animais ou plantas – tem sido criticada pela comunidade científica. O desmatamento desenfreado ameaça toda a vida na Terra, e a maioria dos danos causados aos ecossistemas no Brasil, a região de maior biodiversidade do mundo, é devido a indústrias que não satisfazem as necessidades humanas imediatas, como comida e água potável. Em vez disso, elas são direcionadas para combustível, ração para gado, óleos e assim por diante – todos os quais dependem intensamente de pesticidas.

A agricultura certamente pode ser vista como um processo natural, mas a industrialização dela, principalmente através do uso de pesticidas perigosos, é bem mais difícil de descrever como tal. A pesquisadora Larissa Bombardi argumenta que a conversão da produção de alimentos em 'commodities' é feita por meio do "uso massivo de agrotóxicos" (2017). Enquanto isso, "o Brasil é o maior consumidor mundial de agrotóxicos desde 2008"; seu "consumo aumentou 190% na última década".

Em uma das suas publicações mais importantes, a pesquisa Geografia do Uso de Agrotóxicos no Brasil e Conexões com a União Europeia, o Atlas do Agrotóxico, a Bombardi mostrou que os "30 milhões de hectares utilizados – ou desmatados – para o cultivo de soja no Brasil são o destino de mais da metade (52%) dos agrotóxicos vendidos no país. Ao considerar que essa soja é em sua esmagadora maioria (95,5%) transgênica e seu principal papel na indústria alimentícia é ser transformada em matéria-prima para a pecuária, podemos, sem dúvida, categorizá-la como uma *commodity*. Portanto, à medida que mais dados sobre os perigos dos pesticidas e do desmatamento são acumulados, um país megadiverso como o Brasil não apenas fracassa em desacelerar o processo de mercantilização de recursos naturais, mas o acelera.

Os dados que descrevem os danos ambientais e suas repercussões são bem conhecidos por acadêmicos e jornalistas, mas não foram suficientes para provocar mudanças significativas. Possíveis soluções para esse uso insustentável da terra pelo agronegócio foram debatidas em cúpulas de líderes mundiais; tratados foram forjados, assinados e promovidos. Mas ainda nos vemos avançando cada vez mais rápido em direção à obliteração de ecossistemas naturais pelo planeta.

Em seu artigo de 2021, "Geografia da Assimetria: o ciclo vicioso dos agrotóxicos e do colonialismo na relação comercial entre o Mercosul e a União Europeia", Larissa Bombardi destaca quantos agrotóxicos são fabricados na Europa, depois usados para produzir 'commodities' no Brasil, que são então vendidos de volta aos europeus. Os Países Baixos, por exemplo, consomem bilhões de euros em sucos de frutas do Brasil, cuja produção depende de substâncias não apenas mortais e proibidas na União Europeia, mas também fabricadas e vendidas por seus membros. "Nos últimos dez anos, 56 mil pessoas foram intoxicadas por agrotóxicos usados na agricultura brasileira. O país registra uma média de 5.687 casos desse tipo de intoxicação por ano, o que equivale a 15 pessoas intoxicadas por agrotóxicos todos os dias", afirma ela.

Nesse cenário, agricultores brasileiros são os que mais sofrem com esse ciclo desequilibrado de distribuição de recursos, lidando com problemas de saúde que vão de intoxicação a câncer e ideação suicida. Em seu Atlas de 2017, Bombardi argumenta que os números de intoxicações por pesticidas em todo o país são subnotificados a uma taxa de 1 a 50 – para cada 1 caso relatado, uma média de 50 possivelmente não são. Quase metade dos casos notificados foram suicídios (40%). Foi demonstrado que os pesticidas desempenham um papel em "Transtornos Psiquiátricos Menores", como depressão, e diz-se que as dificuldades financeiras entre os agricultores exacerbam esses sintomas.

Como uma possível solução para esta crise, grandes organizações internacionais, como as Nações Unidas (Sistema de Contabilidade Econômica Ambiental), investiram na ideia de "Capital Natural" – uma ferramenta no campo da economia para levar em consideração práticas comerciais ambientalmente insustentáveis em suas avaliações de risco. Ela oferece um sistema, um algoritmo, para chegar a um número ou preço. Este sistema leva em consideração o potencial de destruição ambiental de um negócio ou comércio, e o número calculado simboliza a correlação entre o dano à biodiversidade e o dano à margem de lucro desse negócio.

O documento intitulado "Exposição ao risco de Capital Natural", financiado por um ministério alemão de "desenvolvimento" econômico, composto principalmente de jargão para potenciais investidores do setor agrícola, revela quanto do obstáculo para chegar a uma solução está nas atitudes de pessoas poderosas e não na evidência do problema. Em outras palavras, mais esclarecedor do que os dados do relatório é a cultura que permite que esses dados persistam numa direção apocalíptica.

Na página 79, sob o subtítulo Poluentes da Água, podemos ler que: "Para valorar os impactos sobre a biodiversidade, um estudo deve definir a biodiversidade, quantificar as perdas de biodiversidade por emissões de substâncias tóxicas por meio de modelos de dispersão e deposição e, em seguida, atribuir um valor monetário a essas perdas".

Esse estudo resulta em, por exemplo, uma fórmula que estima "o custo monetário por quilograma de substâncias tóxicas depositadas em ambientes de água doce". A primeira variável é "disposição a pagar para restaurar", baseada na "riqueza de espécies" da área. Portanto, o "grau" de biodiversidade de uma área influenciará o preço associado à sua potencial destruição. **Não é tanto uma questão de saber se o dano está sendo causado e o seu escopo, para que possamos minimizá-lo. É uma questão de quanto estamos dispostos a pagar para continuar destruindo.**

Quantificar e colocar um valor monetário no contexto da perda de biodiversidade e da saúde humana é bastante revelador das atitudes em relação ao assunto em questão. Embora essa linguagem possa ter sido desenvolvida com o intuito de comunicar o custo dos danos ambientais de forma que a indústria possa entender as perdas financeiras em não preservá-las, o resultado acaba sendo a utilização de tempo e recursos para nos levar a um beco sem saída.

Como conceito, o 'Capital Natural' é contrário ao que ambientalistas vêm tentando alcançar há décadas, e é, também, contrário à natureza do capital. Se não bastassem os intermináveis debates entre líderes mundiais e acordos globais fracassados, uma quantificação do custo de vidas está acontecendo por trás de pilhas de papéis e transações financeiras. O valor dessas vidas, tanto humanas quanto mais que humanas, é transformado em variáveis num algoritmo projetado para estimar seu custo para indústrias de bilhões de euros.

Na prática, os dados evidenciam que o 'Capital Natural' não funciona para minimizar os danos causados ao planeta e à saúde humana. 'Comoditizar' um problema causado pela comoditização é como tentar despoluir a água com substâncias tóxicas. Infelizmente, isso não é uma metáfora, realmente acontece. A Agência Pública revelou que mais de 700 cidades brasileiras possuem águas com níveis de toxicidade acima dos limites legais, que são consideravelmente superiores aos limites europeus. Mais da metade desses contaminantes, que incluem substâncias radioativas, pesticidas, matéria orgânica e inorgânica, são subprodutos do tratamento de água.

Para aqueles que optam por legumes e frutas orgânicas ou veem o valor deles para a saúde, o tratamento da água está além do escopo de influência individual. Lavar uma maçã antes de mordê-la pode piorar o problema. A fiscalização da qualidade da água por instituições governamentais é fraca e, se os testes forem feitos, os resultados muitas vezes são ocultados do público. Assim, a população é negada não só água limpa, mas também informações sobre essa água. Ao mesmo tempo, ter acesso a essas informações está longe de ser suficiente para induzir mudanças.

Quando e se pessoas influentes no setor agrícola optarem por implementar algoritmos de "Capital Natural" para atribuir um preço ao seu potencial de destruição ambiental, talvez elas estejam dispostas a aceitar o risco porque sabem que são os agricultores que pagam o maior preço. Aqueles que estão adoecendo e morrendo agora não são os que analisam os relatórios de avaliação de risco e aprovam esses projetos.

Nem todos nós temos o poder de direcionar as agroindústrias multinacionais para uma direção mais sustentável, mas todos nós estamos pagando pelos danos que elas causam em algum nível. O que podemos fazer é não perder tempo e energia tentando adotar a linguagem de quem entende muito bem a nossa, mas opta por não ouvir.

Desperdício Alimentar e Amissões de Metano

Reciclagem e plásticos de uso único são frequentemente debatidos na grande mídia no contexto de sustentabilidade ambiental. Enquanto isso, os combustíveis fósseis e a indústria da carne são apontados como fontes de emissões de gases de efeito estufa. O desperdício de alimentos parece ter ficado em segundo plano em ambas as discussões e, quando é abordado, é mais dentro da estrutura da moralidade do que do dano ambiental mensurável. Crianças são convencidas a terminar suas refeições com o argumento de que "há crianças morrendo de fome na África", ou que não deve haver desperdício por causa do custo ambiental de produzir e transportar comida para a mesa. A pegada de carbono do desperdício alimentar está associada a outras indústrias insustentáveis, como embalagens, transporte e agricultura industrial – mas não só.

A diferença entre desperdício e perda alimentares é que a perda ocorre antes do alimento chegar à mesa do consumidor; em fazendas, armazenamento e transporte. O desperdício, por outro lado, está em nossos lixos. Porém, ainda não há bastante incentivo para coletar dados sobre ele. De acordo com o relatório de 2021 do Índice de Desperdício Alimentar da ONU:

"Estima-se que 8 a 10% das emissões globais de gases de efeito estufa estão associadas a alimentos que não são consumidos (Mbow et al., 2019, p. 200) – e, no entanto, nenhuma das Contribuições Nacionalmente Determinadas para o Acordo de Paris menciona o desperdício alimentar (e apenas 11 mencionam perda de alimentos) (Schulte et al., 2020)."

O desperdício alimentar é tão significativo para a discussão sobre sustentabilidade quanto a perda de alimentos – mais significativo se considerarmos que mitigar seus danos está ao alcance de qualquer pessoa com uma cozinha.

EMISSÕES DE METANO

Alimentos em decomposição em aterros liberam metano na atmosfera, totalizando 4,4 bilhões de toneladas de dióxido de carbono (GtCO2 eq) anualmente (PNUMA, 2021). Isso significa mais de 4 vezes as emissões globais de voos em 2018 (1,04 GtCO2, Our World in Data, 2020), 87% das "emissões globais de transporte em rodovias" (FAO, 2015) ou "32,6 milhões de carros em emissões de gases de efeito estufa" só nos EUA (WWF).

De todas as etapas da produção de alimentos que contribuem para as emissões de gases de efeito estufa, o consumo doméstico é a que tem a maior pegada de carbono. Quando adicionados, os resíduos da produção e armazenamento emitem aproximadamente a mesma quantidade de gases de efeito estufa que os do consumo sozinho. E nem todos os alimentos contribuem igualmente para essa pegada. Embora a carne, por exemplo, represente menos de 5% do desperdício total de alimentos, contribui com mais de 20% da pegada. Os vegetais ricos em amido (raízes), por outro lado, têm o efeito inverso, onde representam quase 20% do desperdício total, mas apenas 5% da pegada (FAO, 2015).

Não é surpreendente que as regiões de alta renda do mundo desperdiçam mais alimentos do que as regiões de baixa renda, mesmo que os dados não sejam coletados sistematicamente em alguns países. Em países europeus e nos Estados Unidos, acontecia de supermercados jogarem água sanitária em mercadorias vencidas, levando a França a ser a primeira nação a proibir a prática em 2015, aprovando por unanimidade uma lei destinada a reduzir o desperdício de alimentos (Time, 2015). No entanto, a Organização das Nações Unidas para Agricultura e Alimentação assumiu, razoavelmente, uma "margem de progresso maior" para os países "em desenvolvimento" sobre o que pode ser alcançado na mitigação do desperdício alimentar até 2030 (FAO, 2015).

Poucas mudanças de comportamento necessárias para lidar com as mudanças climáticas sobrepõem a questão da pobreza e da pegada de carbono de forma tão flagrante. Uma mudança na forma como os alimentos são vendidos e consumidos pode combater a insegurança alimentar e reduzir as emissões de gases de efeito estufa ao mesmo tempo. Deveria ser inimaginável escolher o desperdício alimentar em vez de distribuir alimentos gratuitamente e compartilhar recursos de necessidades básicas. Se não temos influência significativa no comportamento da indústria alimentícia corporativa, pelo menos podemos fazer algo no âmbito de nossas próprias cozinhas (aqueles de nós que têm cozinhas).

O que podemos fazer para garantir que comida não acabe no lixo? Algumas das sugestões mais intuitivas são: evitar comprar demais, evitar cozinhar demais, armazenar adequadamente, congelar, priorizar conscientemente suas refeições com base no que vai expirar primeiro, compartilhar refeições com outras famílias/sua comunidade e compostar. Descartar restos de comida no ralo não é uma solução, porque além de afetar negativamente a vida selvagem, o material orgânico que sobra do tratamento de água pode acabar em aterros de qualquer maneira (Cary Institute, 2016).

A compostagem é a melhor solução para descartar alimentos não comestíveis porque o metano é produzido "por micróbios na ausência de oxigênio", e o processo de compostagem é aeróbico, ou seja, envolve/exige oxigênio (Government of Western Australia, 2021). Muitos acreditam que a compostagem não é possível num ambiente urbano, mas esse não é o caso. Quando executado corretamente, o processo pode ser feito em locais pequenos com o mínimo de odor (isto é, quando uma iniciativa comunitária não é realista). Pode até ser feito com papelão, o que reduz consideravelmente a quantidade de lixo produzido numa casa ao descartar resíduos orgânicos e reciclar papel ao mesmo tempo (Conserve Energy Future).

Viver e lidar com os próprios resíduos ajuda a incentivar os membros de uma família a produzir menos resíduos em primeiro lugar. E não estaríamos descrevendo uma imagem realista da questão da gestão do desperdício de alimentos se não reconhecêssemos a natureza interséccional de como muitas famílias operam. Os papéis de gênero ainda são um fator na maioria das famílias, e as tarefas domésticas caem desproporcionalmente sobre as mulheres, assim como trabalhadoras domésticas são majoritariamente mulheres (OIT).

Um estudo recente do Reino Unido revela que a pandemia exacerbou a desigualdade de gênero nas tarefas domésticas, pois as mulheres mantiveram seu nível de "envolvimento no trabalho doméstico e nos cuidados com as crianças" do período de isolamento social depois que voltaram ao trabalho, enquanto os pais não (Pesquisa Demográfica, 2022). Nesse sentido, qualquer solução para minimizar o desperdício alimentar deve envolver o interesse, a compreensão e as ações de todos os indivíduos do domicílio após seus anos pré-escolares.

"Resolver problemas, ser criativo e obter resultados por ... esforços" é algo que pessoas tão jovens quanto alunos do ensino fundamental devem experienciar (Crianças Saudáveis), especialmente quando se envolve uma prática humana tão indispensável e habitual – comer.

"Vários estudos destacam que, se as tendências alimentares atuais forem mantidas, isso pode levar a emissões significativas de mudanças climáticas da agricultura de aproximadamente 20 GtCO2-eq por ano até 2050." (FOA, 2020)

Claramente, há um problema a ser resolvido, níveis mínimos de criatividade são necessários para a solução, e nossos esforços podem não apenas ter resultados mensuráveis, mas também podem melhorar a saúde de nossas famílias, das nossas comunidades e do nosso planeta.

GLOSSÁRIO

CO2: Dióxido de carbono.

CO2e: Todos os gases de efeito estufa.

Desperdício Alimentar: Ocorre após o alimento chegar ao consumidor, quando é descartado.

Gases de efeito estufa: Dióxido de carbono (CO2); Metano (CH4); Óxido nitroso (N2O); Gases industriais — Hidrofluorocarbonetos (HFCs) Perfluorocarbonos (PFCs) Hexafluoreto de enxofre (SF6) Trifluoreto de nitrogênio (NF3). (EIA, 2021)

GtCO2 eq: Dióxido de carbono equivalente (CO2eq) significa uma unidade baseada no potencial de aquecimento global (GWP) de diferentes gases de efeito estufa (Climate Policy Info Hub).

GtCO2: Um bilhão de toneladas de dióxido de carbono. (Law insider) GWP 1 (Ecométrica).

GWP: Potencial de aquecimento global.

Metano: "1kg de metano causa 25 vezes mais aquecimento ao longo de um período de 100 anos em comparação com 1kg de CO2 e, portanto, metano [tem] um GWP de 25". (Ecometria). "O metano é emitido durante a produção e transporte de carvão, gás natural e petróleo. As emissões de metano também resultam da pecuária e outras práticas agrícolas, uso da terra e pela decomposição de resíduos orgânicos em aterros municipais de resíduos sólidos" (EPA, 2022).

Pegada de carbono: A quantidade total de gases de efeito estufa emitidos por uma ação (Nature Conservancy).

Perda Alimentar: Ocorre na etapa de produção da indústria alimentícia; nas fazendas, no processamento e no transporte.

Minilagos Podem Influenciar Microclimas na Cidade?

Durante o isolamento da pandemia, tive mais tempo de observar meu jardim, seus movimentos, crescimentos e seres. Isso me levou a começar um experimento com o desenvolvimento de minilagos sem bomba, para acomodar sapos, libélulas etc. No processo, não só aprendi muito sobre as vidas e os comportamentos de diversos seres, descobri da existência de diversos seres vivos, incluindo plantas, e suas funções para um ecossistema equilibrado.

A cidade, hoje, não é um ecossistema equilibrado. Assim como o nosso conhecimento sobre os animais e plantas em nossa volta, ou que não estão mais em nossa volta por causa do desequilíbrio urbano, é insuficiente. Será que minilagos não só podem remediar nossa falta de conhecimento ao nos expor à certos aspectos da natureza de forma acessível e diária, mas também podem influenciar o habitat urbano para mitigar o efeito estufa e os danos causados pelo aquecimento global?

CIDADES E VILAREJOS WEIZI

Um estudo de julho de 2022 chamado 'Impactos dos Corpos de Água nos Microclimas e no Conforto Térmico Externo' descreve como pequenos lagos artificiais se relacionam à revitalização ambiental sustentável num assentamento humano. Usando como referência um vilarejo chinês de tradição Weizi chamado Xufan, uma análise é feita sobre a influência que características urbanas, como asfalto e prédios altos, têm sobre microclimas, em contraste com as características de habitats humanos que utilizam recursos aquáticos.

Um vilarejo Weizi "é um modelo típico de assentamento humano tradicional chinês que combina habitat humano com terras agrícolas e conservação de água". Ele se adapta, transforma e utiliza um ambiente aquático através da interseção de condições climáticas, recursos naturais locais, cultura rural e Feng Shui — onde a ancestralidade e a ciência ambiental se fundem. Xufan, no vilarejo Guanweizi, no município de Guangshan em Henan (China), foi listado como um desses assentamentos tradicionais em 2017. Lá, foi possível analisar como os corpos de água afetam a temperatura e umidade do ambiente, e influenciam as convivências e produções humanas.

O estudo revela que corpos de água absorvem calor durante o dia, e liberam calor durante a noite, mantendo estabilidade de seus microclimas. Eles também afetam a umidade do ar, que por ventos e brisas se conectam com microclimas de outros corpos de água em certos raios de distância. Isso densifica a vegetação da região, regula o clima e sustenta a agricultura local. Esses efeitos são interrompidos ao se aproximar do centro urbano.

Nas cidades, edifícios blindam o vento e as brisas, interrompendo o fluxo de umidade entre diferentes corpos de água e seu efeito de resfriamento da temperatura local. Pode ser instintivo entender o asfalto e os motores dos carros como coisas que aquecem um ambiente, e prédios que por sua vez amparam o clima criado em suas ruas. A principal função do asfalto é impermeabilizar, e o motor opera na base de pequenas explosões queimando combustíveis. A elevação da temperatura e diminuição da umidade são microclimas em si — urbanos.

O QUE SÃO MICROCLIMAS?

A água não só satisfaz necessidades de agroecossistemas, mas também regula o conforto térmico, o que é um efeito específico do microclima. O PET (*Physiological Equivalent Temperature*) "é um índice baseado no balanço térmico do corpo", e representa o conforto ou desconforto térmicos em microclimas urbanos ou não. Como tal, microclimas são nada mais do que condições atmosféricas de um certo ambiente, resultantes de certos elementos desse ambiente. Vegetação, corpos de água, asfalto e prédios são exemplos de elementos geomorfológicos que influenciam microclimas.

O microclima urbano é às vezes chamado de "ilha de calor", como resultado do que eu chamaria de agentes exógenos de relevo. As infraestruturas da cidade são, de certa forma, elementos geomorfológicos exógenos que alteram significativamente a superfície da Terra, entre outras coisas. Com o inegável dano que a revolução industrial causou no planeta e nos níveis de poluição de centros urbanos a partir da metade do século 19, muitas estratégias de mitigação de danos foram desenvolvidas, com resultados talvez medíocres.

COMBATE À POLUIÇÃO URBANA

A indústria de carvão, que é responsável por grande parte da poluição industrial desde o meio do século 19 e também por diminuir a expectava de vida humana, está em declínio nos EUA, assim como as mortes associadas à sua mineração. Por outro lado, na China, a produção de carvão se encontra em ascensão.

Outra estratégia de combate à poluição nas cidades tem sido tornar carros mais eficazes. A injeção eletrônica, por exemplo, é eficaz na redução da poluição ao misturar o ar e o combustível de forma mais econômica do que a regulagem manual. O catalisador neutraliza os gases nocivos que entram na atmosfera ao sair pelo escapamento, com efeito em até 98% deles. O Manual de Formação de Condutores (Edição 2022) afirma que o Brasil "passou a produzir um dos melhores combustíveis do mundo no ponto de vista ambiental". Ao adicionar etanol à gasolina, emissões de monóxido de carbono (CO) e outros gases nocivos são reduzidas. Disse que, comparado com 1986, a média de emissões de CO por veículo hoje é 0,05% do que costumava ser (de 54g/km para 0,3g/km).

Isso tudo soa bem, porém, ao inspecionar mais detalhadamente, problemas pontuais parecem ser parcialmente resolvidos enquanto outros surgem simultaneamente. CO é apenas um dos gases nocivos emitidos por automóveis, muitos deles que não diminuíram em tal escala. Os números diferem dependendo da fonte porque variam com o ano de fabricação do carro, região e regulamentações.

As regulamentações não são propriamente fiscalizadas. E mesmo se as leis fossem impostas e seguidas, a adaptação da legislação visa proteger o meio ambiente quando também é do interesse do "desenvolvimento da indústria automobilística" (Art. 2º: I—Vetado). Portanto, dizer que a poluição nas cidades melhorou em comparação com 100 anos atrás, por meio da tecnologia, não é dizer muito.

Uma visão holística de como lidar com a nocividade ambiental da urbanização superaria as limitações das leis nacionais e da indústria de carros, já que a camada de ozônio e o efeito estufa não operam de acordo com a lógica financeira e jurídica. As lógicas financeira e jurídica, na verdade, operam de acordo com o conjunto de crenças da população, mesmo que elas muitas vezes sejam manufaturadas pelos próprios setores financeiro e jurídico. Será que moradores da cidade querem viver em lugares como São Paulo, onde o trânsito e a grana nunca param de pulsar?

Será que a ilha de calor é inescapável?

Os microclimas da cidade alienam animais e plantas. Mas, com uma reconfiguração dos conjuntos de crenças sobre o que pode ou deve ser a vida na cidade, criar microclimas urbanos que convidam animais e plantas a prosperar é viável. Terraços verdes reduzem os efeitos das ilhas de calor urbanas, e vegetação se concentra em torno de corpos de água naturalmente. Portanto, corpos de água podem e devem ser introduzidos em jardins urbanos, hortas comunitárias e terraços onde já haja interesse em paisagismo.

Para usufruir do efeito de resfriamento de plantas e lagos em contextos urbanos, uma estrutura autossuficiente que minimiza o uso de recursos como água e eletricidade públicas é não só acessível, mas também ancestral. Como vilarejos Weizi são descritos, "o espaço adaptável à água apresenta a sabedoria dos ancestrais para se adaptar e transformar moderadamente o ambiente aquático e utilizar os recursos hídricos de maneira sustentável, com baixa tecnologia, baixo custo e baixa manutenção." Wei, além de ter sido um território ilustre na China antiga, também significa habitação que utiliza trincheiras aquáticas para satisfazer uma variedade de necessidades comunitárias como irrigação, escoamento, lavagem, conforto térmico e proteção. Prédios viabilizam a passagem de brisa, trincheiras servem como muros de defesa, água e animais nutrem a agricultura e, em geral, a arquitetura e urbanismo vernaculares expressam conhecimentos valiosos ancestrais e científicos.

No contexto urbano moderno, adaptar à água pode significar a coleta de água da chuva, que por sua vez incentiva a consciência sobre a frequência de chuvas e qualidade do ar (que influencia a condição da água da chuva), além de minimizar o uso de água do abastecimento da cidade. O aumento da umidade do microclima, com a presença de brisa entre cada corpo de água, pode auxiliar na regularização da frequência das chuvas (pois sabemos que a umidade e chuva se favorecem). Para controle de proliferação de mosquitos, peixes pequenos podem ser introduzidos no corpo de água. Um laguinho bem plantado, e com uma quantidade e tipo de peixes adequados, não precisa de bomba ou filtro. Uma troca parcial de água é suficiente, e a água do lago, rica em nutrientes, pode ser usada para regar plantas.

Animais como lagartos, besouros, libélulas, formigas e pássaros contribuem para a manutenção desses elementos naturais e minimizam a necessidade de manutenção humana. Ao convidar esses seres, os observamos e os entendemos melhor. Parte de entender melhor, significa entender que a prosperidade desses seres significa a nossa prosperidade, o futuro humano. O conhecimento sobre a natureza nos ensina a apreciar, respeitar e, por sua via, proteger. E nos ensina sobre os contextos microclimáticos urbanos, cujas afrontas à existência humana nós muitas vezes falhamos em identificar, denunciar e modificar.

Os pesquisadores do artigo 'Impactos dos Corpos de Água' afirmam que o impacto de diferentes formatos de corpos de água será o foco de suas próximas pesquisas, indicando uma deficiência de dados referentes à diversidade de possibilidades para mitigar os efeitos de "superfícies subjacentes feitas pelo homem" através do uso de corpos de água. Portanto, há muito ainda a ser explorado.

A execução dessa proposta apresenta uma curva aguda de aprendizado e adaptação de conjuntos de crenças da população, fora uma reconfiguração do que significa o espaço privado ou individual no contexto da relação entre microclimas urbanos e o futuro do planeta. Aos poucos, a consciência sobre como cada indivíduo lida com seu espaço privado, e age em relação à natureza em coesão, tem o poder de reconfigurar o *status quo* da urbanização. Quem sabe, o micro em efeito cascata se torna macro, e a ilha de calor aos poucos é ressignificada por vários oásis.

Eco-barreiras e o Resgate do Equilíbrio Entre as Espécies no Planeta

A poluição dos oceanos ameaça a sobrevivência de todos os animais marinhos, e a nossa também. É difícil compreender a magnitude do impacto que o lixo tem nas nossas vidas quando não vemos para onde ele está indo, e como o caminho que leva à extinção de tantas espécies aquáticas afeta a vida humana. Civilizações nativas que uma vez sobreviviam em simbiose com a fauna e a flora de suas regiões, agora não enxergam a mesma diversidade de vida e mutualismo entre as sobrevivências. O mundo não é o mesmo. A questão é como seguir em frente nesse paradigma.

Uma ferramenta para entender qual lixo percorre qual caminho em direção ao oceano viabiliza a identificação da fonte e do percurso do problema de poluição de lixo – a eco-barreira. Esse entendimento nos ajuda a atuar na fonte e no sintoma do problema causado por resíduos sólidos flutuantes descartados pela população urbana.

Eco-barreiras são barreiras na foz, ou ponto de desaguamento, de rios em megacidades. Um estudo de 2011 por Marcos Freitas aponta que o crescimento acelerado de centros urbanos, aumento de consumo, sistemas de gerenciamento de água municipais e coleta de lixo inadequados contribuem para uma quantidade exorbitante de lixo descartado em rios. No contexto do Rio de Janeiro, apenas 3 eco-barreiras em 2008 coletaram mais de 100 toneladas de plástico, metal, madeira e papelão (M. Freitas 2011).

Dados como esses são esperados, mas o interessante dessa pesquisa foi que identificou a fonte do problema como não sendo tanto "o aumento da geração de resíduos sólidos domiciliares" e sim o aumento do Produto Interno Bruto municipal. Ou seja, aumento de consumo de indivíduos não causa poluição nos rios tanto quanto o aumento de importação e exportação, gastos governamentais e investimentos empresariais. Instituições governamentais e empresas são mais ambientalmente irresponsáveis do que consumidores individuais, e isso desde 2011 só se tornou mais evidente.

Hoje, há uma eco-barreira na foz do rio João Mendes, na região oceânica de Niterói, mantida por um grupo de indivíduos voluntários. Ela foi financiada pela ecoponte, uma companhia que gerencia a ponte Rio-Niterói, e tem interesse em ações de compensação de sua pegada de carbono. E a barreira é gerenciada por membros da organização AmaDarcy, cujo objetivo é proteger o meio ambiente natural e urbano através da preservação de áreas ecologicamente importantes na região da Serra da Tiririca.

De acordo com um relatório gerado pelo grupo em fevereiro de 2023,

"O João Mendes (JM) é um rio poluído, apesar de nascer cristalino dentro do Parque Estadual da Serra da Tiririca (PESET). Embora uma parte significativa dos esgotos da bacia hidrográfica do JM seja coletada e encaminhada à Estação de Tratamento de Esgotos de Itaipu (ETE Itaipu), que opera com uma vazão nominal de 164 litros por segundo, existe uma expressiva quantidade de esgotos que ainda não é direcionada para a ETE Itaipu e deságua de forma direta ou indireta no rio João Mendes e, consequentemente, na laguna de Itaipu (Reserva Extrativista Marinha de Itaipu-RESEX Itaipu), gerando a poluição do mesmo."

"A quantidade de resíduos sólidos (lixo) que vem sendo lançada no rio João Mendes semanalmente (cerca de 250 Kg) também contribui de forma significativa para poluição do rio João Mendes, evidenciando condições ainda precárias de saneamento. Desde setembro de 2022, a ONG AmaDarcy vem coletando lixo semanalmente na eco-barreira implantada no rio João Mendes, localizada próximo à desembocadura deste rio na laguna de Itaipu. A quantidade total de lixo coletado e ensacado pela AmaDarcy entre setembro de 2022 e janeiro de 2023 foi superior a 6 toneladas (mais de uma e meia tonelada por mês), evitando assim seu despejo na laguna de Itaipu e no mar (RESEX Itaipu). O lixo é em seguida retirado e levado pela Companhia de Limpeza de Niterói (CLIN) para uma destinação final adequada."

A relação entre poluição de esgoto e de lixo é evidente quando consideramos o crescimento urbano desenfreado, sem infraestrutura e instituições eficazes o suficiente para lidar com esse crescimento. Como voluntários, o foco do grupo em lixo flutuante faz sentido quando consideramos a distância que esse lixo viaja, e a dificuldade de controle desse fluxo sem essas barreiras – que não impedem o fluxo do rio, mas fixam resíduos da superfície até que uma equipe possa coletar. Essa coleta acontece semanalmente, e, quando possível, os resíduos são separados por material e pesados, apesar da poluição de esgoto na área apresentar uma ameaça aos voluntários e gerar a necessidade de cuidados vigorosos. Os dados registrados incluem não só tipo e peso do lixo, mas também as marcas dos produtos descartados, a altura do rio, e a quantidade de chuva no dia anterior e na semana da coleta.

Os materiais encontrados são plástico, vidro, metal, tecido, entre outros. Microlixo é registrado como uma categoria à parte, e significa um misto de pequenos resíduos como bituca de cigarro, microtubos de narcóticos, isopor fragmentado, outros plásticos e partes vegetais que ficam emaranhadas por esses resíduos. Tetra pak também é registrado à parte, pois são aquelas embalagens de composição mista entre metal, papel e plástico, muitas vezes usadas para produtos como leite, suco e molho de tomate. Há outros materiais identificados, porém não categorizados individualmente, como os ocasionais brinquedos, resíduos eletrônicos, lâmpadas, pneus, colchões, etc. Enquanto os resíduos não identificados são os sacos fechados encontrados na barreira que não são abertos por poderem conter materiais que causam riscos à saúde dos voluntários – como seringa, presto-barba, fralda, camisinha, papel higiênico usado, etc.

Esses dados nos ajudam a identificar a fonte da poluição das águas, e nos conscientiza sobre nosso próprio consumo e descarte de resíduos.

De acordo com a pesquisa de 2011 de Marcos Freitas, há uma correlação entre o aumento da renda familiar e o amento do lixo público, enquanto o lixo doméstico permanece na mesma faixa. Isso pode significar que o aumento do Produto Interno Bruto (e talvez contextos climáticos) leva a "maior consumo em áreas públicas". O que isso significa para nós e nossas práticas de consumo em áreas públicas? O que sabemos sobre as práticas de descarte lixo de empreendimentos que frequentamos e de coleta de lixo por conta de nossos municípios?

O problema do descarte de lixo e da poluição dos oceanos tem muitas facetas. Há uma questão de administração institucional, que reflete nas decisões políticas de um município. A expansão urbana se torna nociva por conta do fracasso dessa administração política e interesses financeiros muito maiores do que o lar de cada família. Por isso, o Produto Interno Bruto municipal gera mais problemas ambientais do que o acúmulo de consumos individuais. Por outro lado, a conscientização da comunidade e o acesso à informação sobre a situação ambiental de suas vizinhanças pode não só melhorar práticas pessoais de consumo e descarte de resíduos, como pode também incentivar a população a demandar mais responsabilidade da administração pública e ações mais eficazes com a verba pública. No meio tempo, prevenir que toneladas de lixo acabem no oceano ajuda a começar um resgate da biodiversidade e do equilíbrio entre as espécies nesse planeta.

O DNA da Poluição na Baia de Guanabara

O Painel Saneamento Brasil afirma que mais de 30% da população do Rio de Janeiro não tem coleta de esgoto (2021). Hoje, 18 mil litros de esgoto por segundo são despejados na baia de Guanabara, sendo que investimento estatal quadruplicou nos últimos 3 anos, chegando a quase 1 bilhão de reais. Os gastos são monumentais, enquanto os resultados são abismais, e esse fiasco seria fácil de explicar da perspectiva de corrupção e incompetência na gestão de recursos públicos. Porém, uma análise cultural e histórica explicaria o que causa esses sintomas nos processos administrativos da cidade.

Os dados de gastos e níveis de poluição estão evidentes, assim como os perigos dessa poluição à saúde pública. Há pelo menos 20 anos se sabe, por exemplo, dos números alarmantes de Hepatite A em crianças em regiões de baixa renda do Rio de Janeiro. Mas esses números não levam a soluções por detentores de poder governamental. O problema não é falta de dinheiro ou ciência da seriedade da situação, e sim o legado do modelo Higienista.

O movimento Higienista nasceu no Brasil no fim de 1800 e da Revolução Industrial. Com a formação de centros urbano-industriais durante a Revolução, houve um aumento massivo da população do Rio de Janeiro, e com ele o do caos, da pobreza, da poluição e da destruição ambiental.

Esse movimento visava mitigar os sintomas metropolitanos com a implementação de modelos urbanos europeus, que essencialmente manufaturavam guetos. Ao usar como norte teorias médicas de cientistas da Europa, iniciativas foram promovidas por higienistas que segregavam a pobreza e destruíam o meio ambiente através do 'embelezamento' das cidades. Pois, o modelo ideológico europeu já era, e continuou sendo por centenas de anos, escravagista e extrativista.

A cultura extrativista europeia lida com o meio ambiente não-europeu como fonte de recursos para seres humanos, sejam eles práticos ou estéticos. Isso nunca promove o equilíbrio dos ecossistemas locais, apenas promove lucro e altos padrões de vida para quem lucra. Por isso, a manufaturação do gueto garante a 'Higiene', como definida pelo movimento em termos de educação e saúde, de forma insular. O modelo Higienista é a manifestação da expressão 'varrer para debaixo do tapete'. Desde que a insalubridade urbana não fosse vista por elites nos centros, seria como se ela não existisse. Em outras palavras, é um sistema tão maduro quanto o jogo de *peekaboo*.

Desde que cidades vieram a existir, a insalubridade urbana é uma questão de classe com repercussões ambientais e humanas desastrosas. No artigo *"Movimento Higienista" na história da vida privada no Brasil,* Edivaldo Góis diz que muitos dos higienistas enxergavam "a falta de saúde e educação do povo [como] responsável por nosso atraso em relação à Europa." Sendo que inúmeras doenças, costumes, e modelos de gestão vindos da Europa eram responsáveis por essa impropriedade. Um povo que promove a divisão de classe não comporta a realidade natural de que o ecossistema não respeita a segregação social.

Mais cedo ou mais tarde, a poluição de uma porção do oceano ou de um corpo de água urbano se torna poluição nas praias nobres, e 18 mil litros de esgoto por segundo na baia de Guanabara é um problema de todo o mundo.

Nos anos 90, 1 bilhão de dólares americanos foram gastos no programa de Despoluição da baia de Guanabara (PDBG) após evidências alarmantes de casos de Hepatite A em crianças em Duque de Caxias. Mesmo com financiamento massivo, de fonte global, os resultados foram horrorizantes. Centros de tratamento de esgoto foram construídos mas não eram funcionais, prestação de contas e pagamentos atrasados apontavam por péssima administração financeira do estado, centenas de milhões de dólares americanos foram desperdiçados em juros, e esse fracasso não pode ser atribuído apenas à burrice institucional.

Agora estão sendo gastos, novamente, bilhões de reais em obras que já estão atrasadas para resolver esse problema de poluição persistente dos últimos séculos.

Saneamento em regiões de baixa renda é um desafio hoje em dia porque por mais de cem anos, a divisão de classe promovida pelo legado do movimento Higienista desincorporou esses espaços geográficos da "atividade de vigilância epidemiológica", assim como de fornecimento individual de recursos de saneamento.

A ideia de que o que é privado existe em simbiose com o público, ao invés de resultar em investimento de recursos públicos em melhorias de ambientes privados de indivíduos com renda baixa, resultou em justificativas reacionárias para o eugenismo. Por isso que ao invés de investir em melhorias das estruturas dos lares familiares e individuais em regiões pobres, se investe num "cinturão" de captação de esgoto no entorno da baia. Isso significa que, o esgoto que sai dessas áreas é captado e impedido de afetar áreas nobres, mas o contexto individual dos moradores continua o mesmo.

De acordo com um "estudo conceitual" sobre o cinturão, o obstáculo para a "universalização do esgotamento sanitário" é o custo. A estimativa no relatório é de 1900 reais por habitante, totalizando em mais de 33 bilhões de reais no RJ. Já que o financiamento de 1 bilhão de dólares nos anos 90 equivalia apenas a pouco mais de 5 bilhões de reais, o preço "supera em muito o aporte de recursos para o setor". Porém, 33 bilhões se refere ao custo para a população do estado, e o financiamento de 1 bilhão de dólares era voltado especificamente para a despoluição da baia de Guanabara.

Os rios que mais poluem a baia de Guanabara permeiam a geografia de Duque de Caxias, chamados Sarapuí e Iguaçu. Se 1900 reais por habitante é uma estimativa confiável, com menos de 1 bilhão e meio de reais teria sido possível levar saneamento para toda a população de Duque de Caxias, que entre 1991 e 94 era menor do que 700 mil habitantes.

Mas ao invés de propor estratégias certeiras, com foco no contexto e necessidades locais, o relatório logo faz comparações com os sistemas europeus e estadunidenses. Ao fazer isso, ele se revela descendente do movimento Higienista. A organização responsável pelo relatório, FGV CERI, explicitamente se posiciona como interessada num desenvolvimento infraestrutural centrado no crescimento econômico. Para eles, a regulação de infraestrutura no país, mesmo quando envolve o meio ambiente e a saúde pública, orbita um e somente um objetivo: "a atração de investimentos". Assim, a sustentabilidade fomenta a nação quando é econômico-financeira.

Quantificar um problema socio-ambiental como o de poluição da baia de Guanabara nem sempre é fácil. Quantos litros de esgoto estão sendo despejados de forma irregular? Quanto o saneamento básico custa por pessoa? Quantas crianças já adoeceram por conta da poluição nos corpos de água em suas áreas? Neste caso, os números estão evidentes e a realidade é inescapável. O que falta é a análise do contexto histórico e cultural, ou genético, que leva a esses resultados alarmantes e persistentes.

Desde a criação do movimento Higienista no Rio de Janeiro, hoje somos no mínimo a quinta geração a testemunhar o desenvolvimento desastroso da metrópole que se debruça na baia. É preciso conhecer o que nos foi herdado do DNA dessa cidade, batizada pelo magnífico e inusitado corpo de água – Guanabara.

Os Desabrigados da Humanidade

Um filósofo escocês uma vez escreveu: "Uma corrente não é mais forte do que o seu elo mais fraco". Antes disso, os bascos provavelmente já haviam cunhado o provérbio "geralmente o fio quebra onde é mais fino". Esse sentimento continua bem vivo hoje e perdura durante séculos por uma razão simples: a humanidade tem fraquezas.

Nesse alvorecer do terceiro milênio, após centenas de milhares de anos que seres humanos têm percorrido por esse belo planeta, é difícil olhar em volta e acreditar que temos utilizado as nossas habilidades para fortalecer os laços entre povos ou para engrossar o fio da nossa humanidade.

Para percorrer as ruas do Rio de Janeiro, considerada por muitos uma das cidades mais bonitas do mundo, qualquer pessoa com um coração deve desviar muitas vezes o olhar de coisas que o encherão de desespero. Poucas coisas refletem mais o repetido fracasso da humanidade em evoluir do que a falta de moradia. Numa época em que a riqueza e a tecnologia disparam, nunca foi tão claro que a pobreza extrema não se deve à falta de recursos disponíveis.

A população em situação de rua no Brasil tem crescido consistentemente nas últimas décadas, aproximando-se de 300 mil. No Rio, diz-se que há cerca de 8 mil pessoas vivendo nas ruas. Sempre aparecem manchetes com números impressionantes, "População em situação de rua cresce 211% na última década", "Censo identifica 7.865 pessoas em situação de rua na cidade", 'Novo programa do governo dá assistência para pessoas em situação de rua'. Mas pesquisar além das manchetes e envolver-se pessoalmente com os assuntos revela uma história diferente.

Em primeiro lugar, nem metade dos municípios brasileiros contabiliza o número de pessoas que estão desabrigadas em suas comunidades.

Isso significa que os números são alarmantemente imprecisos. Mesmo os órgãos dedicados a prestar serviços às populações desabrigadas do Rio de Janeiro, governamentais ou independentes, que estão localizados em áreas da cidade conhecidas por terem grandes concentrações delas trabalhando ou se estabelecendo, não têm ideia significativa dos números, localizações ou doenças de pessoas que eles se propuseram a servir.

No entorno da Baía de Guanabara, no Rio de Janeiro, é sabido que grupos de pessoas desabrigadas se reúnem, muitas vezes para separar resíduos domésticos e industriais. O fotojornalista Fabio Teixeira documentou alguns dos trabalhos que essas pessoas, que preferem permanecer anônimas, têm feito, bem como alguns dos não surpreendentes problemas de saúde que decorrem desse paradigma. Especificamente, observou-se que iniciativas informais de reciclagem, realizadas por pessoas sem acesso consistente à privacidade, água corrente e saneamento básico, geram a uma epidemia de infecções nos olhos. Ao perceberem que estão perdendo a visão, elas ajudam umas as outras com os recursos disponíveis.

Os abrigos financiados pelo município não estão autorizados a falar diretamente com a imprensa. Toda comunicação deve passar pela assessoria de imprensa da prefeitura ou pela assessoria de imprensa do ministério da saúde. Esse escritório tem respostas prontas com números sobre o alcance do mais novo programa governamental voltado para a "ressocialização da população em situação de rua". Esses programas envolvem o envio de profissionais de enfermagem, psicologia e assistência social para as "ruas".

Essa é a abordagem onde se acredita que, se a mente e o corpo dessas pessoas forem tratados, naturalmente, elas conseguirão se reinserir na sociedade, conseguindo emprego e moradia. A realidade, porém, mostrou que estar na rua é o que causa a grande maioria das doenças psicológicas e físicas na comunidade, e não o contrário.

Portanto, a única forma de resolver com sucesso estes problemas de saúde é, em primeiro lugar, fornecer habitação.

"As principais questões de saúde diagnosticadas pelas equipes de Consultório na Rua são as infecções sexualmente transmissíveis como sífilis, HIV, hepatites virais, questões relacionadas ao sofrimento em saúde mental e ao uso de drogas, hipertensão arterial, tuberculose, feridas crônicas, entre outras. E as principais situações que interferem diretamente nas condições de saúde dessas pessoas são a insegurança alimentar, dificuldade de acesso a água potável, privação do sono, exposição ao calor, ao frio ou a chuva." (Ascom)

Por "interferem diretamente" eles querem dizer 'causam'. O fato de não ter casa é a principal causa desses problemas de saúde, no entanto, a solução permanece: tratar os sintomas à medida que eles são encontrados nas ruas.

As iniciativas financiadas de forma independente, as ONGs, estão ainda menos equipadas para abordar a raiz do problema. Uma organização dedicada à "reinserção social de pessoas em situação de rua" no centro da cidade do Rio descreveu sua maior conquista como: existir há 8 anos e uma vez ter ganhado um prêmio. Dizem que o seu maior obstáculo é a "captação de recursos", em vez do que eles precisam de dinheiro para alcançar. Esses desastres de comunicação podem ser indicativos de uma verdade horrível, não sobre as pessoas desabrigadas, mas sobre os abrigados. Nossas cidades têm seres humanos que estão desprotegidos pela humanidade.

A Secretaria de Assistência Social do Rio de Janeiro precisa especificar que ela não está legalmente autorizada a se envolver na "remoção" de uma pessoa sem-teto, e isso diz muito sobre os tipos de solicitações que ela recebe do público em geral. Enquanto grande parte da população alojada aborde a falta de moradia como se fosse uma questão de gestão de lixo, aqueles que trabalham na área de serviço social demonstram uma compreensão superficial da realidade que tantos brasileiros em extrema pobreza enfrentam.

Abordar o atendimento a pessoas desabrigadas como um projeto de "ressocialização" implica que o que elas precisam é aprender certos comportamentos para se reinserirem à sociedade. Na realidade, os desabrigados nunca se retiraram da sociedade, eles são o elo mais vulnerável dela.

As populações desabrigadas e abrigadas não apenas compartilham espaços nas cidades, mas estão intrinsecamente ligadas através da forma como a nossa sociedade tem funcionado. A inacessibilidade da habitação está diretamente ligada ao setor imobiliário e a todos os que com ela se envolvem para se alojar. **Quanto mais a nossa sociedade encarar lares como uma oportunidade de investimento financeiro, em oposição a uma necessidade humana básica nos dias de hoje, mais crescerá a população sem habitação.**

A única razão pela qual isso não é suficiente para provocar uma mudança nesse sistema é porque nós, a população abrigada, nos convencemos de que os desabrigados são um problema causado por eles mesmos e pelos seus comportamentos e escolhas de vida. Após uma autoinspeção mais aprofundada, grande parte da população alojada perceberia quantos momentos das nossas vidas são passados a trabalhar ou a pensar em trabalhar para manter um teto sobre as nossas cabeças, com exceção daqueles que nasceram numa riqueza notável.

Embora nós como indivíduos possamos não ser capazes de resolver sozinhos a questão da habitação nas nossas comunidades, a nossa sociedade como um todo, os seus valores e os seus recursos, certamente é capaz de o fazer. Isso exigirá uma mudança de perspectiva de longo prazo e em grande escala. Entretanto, o mínimo que podemos fazer como indivíduos hoje é separar resíduos orgânicos para compostagem e lavar os nossos resíduos domésticos inorgânicos para prevenir infecções nas pessoas que nos prestam o serviço informal de reciclagem.

Os elos mais fracos nessa cadeia de povos da humanidade são talvez os valores meritocráticos e individualistas das populações abrigadas no capitalismo tardio – um elo que lava as mãos de quaisquer laços humanos com a população desabrigada. Da próxima vez que nos perguntarmos, a população em situação de rua "é responsabilidade de quem?" A resposta é: de todo mundo. Só então o fio tênue da nossa humanidade se engrossará.

A Magia da Água na Tailândia e a Religião da Prosperidade

A Tailândia é um país único e orgulhoso. As suas línguas e espiritualidade decorrem de uma intersecção particular entre o Pali, a língua sagrada do Budismo Theravada, e o Sânscrito, a língua sagrada do Hinduísmo. A monarquia tailandesa é proeminente e o foco na riqueza emana não apenas da cultura como um todo, mas especificamente da devoção espiritual da população.

Qualquer indivíduo turista na Tailândia está propenso a ficar "templotado"; esgotado de tantos templos, de todos os tamanhos e em todos os lados. Esses templos, que muitas vezes são recém-construídos e cuidadosamente mantidos com tinta branca e folhas de ouro, de forma alguma são feitos para o observar da pessoa estrangeira. Na verdade, pessoas nãopraticantes podem se sentir intrusas, cercadas pela população local adorando apaixonadamente.

Esse paradigma tailandês desconstrói a percepção dominante no Ocidente de que as riquezas espirituais e materiais estão em conflito umas com as outras, que toda a riqueza (ou o desejo por ela) é um avanço do capitalismo, e não da alma.

A comunidade de imigrantes na Tailândia é composta, em grande parte, por homens brancos que se casaram com mulheres tailandesas. A questão do turismo sexual, em combinação com uma nova lei que descriminaliza a maconha, dá a alguns pontos de Bangkok uma energia de luz vermelha de Amsterdã. E embora exista um conservadorismo religioso generalizado que enxerga esse consumo de drogas e entretenimento sexual como tabu, a visão de riqueza e prosperidade material, de alguma forma, supera outros aspectos da moralidade religiosa.

A riqueza e a prosperidade são partes significativas da devoção tailandesa e não estão necessariamente em conflito com outras práticas e crenças espirituais.

Os templos têm cofres, ouro não falta, e tanto o dinheiro quanto as folhas de ouro são ritualizados. Isso, por si só, está longe de ser incomum para quem cresceu testemunhando a devoção católica e a configuração ornamentada das catedrais. Mas o que mais me chamou a atenção, devido ao meu fascínio por mini-lagos, é a quantidade de elementos aquáticos em espaços públicos.

"A água desempenha um papel importante em muitas religiões", e a ideia de água benta é bastante familiar para pessoas cristãs. Mas na Tailândia, os laguinhos parecem ir além do domínio do templo religioso; eles têm uma função pessoal e são implementados em todas as oportunidades.

Lagos em vasos de cerâmica com nenúfares lindos (e caros), bombas de água para fontes, espelhos d'água, etc., estão por toda parte. Sem falar nos festivais que acontecem em toda a cidade, que consistem em jogar água em tudo e todos nas ruas. A tradição tailandesa claramente observa a água de forma particular.

Ao perguntar por que tantas entradas de estabelecimentos têm elementos aquáticos, pequenos mas luxuosos, pessoas apresentam diversas explicações. Imigrantes dirão que é simplesmente bonito ou que vem do Feng Shui. Alguns moradores dirão que, tradicionalmente, era comum ter água disponível para as pessoas beberem durante a época de seca, ou para as pessoas lavarem os pés antes de entrar em casa. E alguns dirão francamente – é algo que atrai riqueza.

Um artigo de 2022 da Universidade de Naresuan, denominado *"Água" no Regime de Tradições e Rituais Tailandeses*, descreve essa observância da água como decorrente de tradições "grandes" e "pequenas" – "grandes" como nas escrituras budistas e hindus, e "pequenas", como na agricultura local e na ancestralidade.

Obviamente, a agricultura requer água, mas o cultivo do arroz, em particular, requer inundação. O arroz não precisa de terras inundadas para prosperar, mas ele prospera nelas, enquanto outras plantas não.

Assim, historicamente, esse alimento básico da dieta tailandesa informou a cultura tailandesa e como ela aborda os altos e baixos das estações de seca e chuva; as idas e vindas da água como uma abordagem prática para a prosperidade e a abundância. Diz-se que o povo Isan do norte da Tailândia, por exemplo, consagra a água num ritual para o cultivo do arroz.

A água, na tradição tailandesa, ao observar as escrituras budistas e hindus, simboliza "o meio para conectar este mundo ao mundo sagrado". A água é uma deusa chamada Phra Mae Thorani, retratada nos logotipos das empresas de distribuição de água em toda a Tailândia e do partido político mais antigo do país.

A água também é onde vivem os Nagas, seres míticos que protegem tesouros, entre outras coisas. Segundo a antiga lenda tailandesa, as cobras, como representação animista dessas divindades, não devem ser temidas, mas sim admiradas. Embora possam representar perigo quando provocados, eles também podem realizar desejos de riqueza e prosperidade.

Essa é talvez a representação mais adequada de uma bifurcação moral na procura pela riqueza – capacidade de agir e prosperar, ou ganância exploradora. Os Nagas podem te trazer chuva, e isso irá regar suas plantações ou inundar a sua casa; um lembrete para sempre nutrir um coração justo ao visar riqueza.

Como a água e a sua fauna, a flora parece ter um enorme significado espiritual no folclore tailandês. Flores aquáticas como o lótus (Nelumbo nucifera) e o nenúfar (Nymphaea) também são simbólicas tanto no budismo quanto no hinduísmo, e têm o mesmo nome em tailandês (ดอกบัว). Os nenúfares, em particular, podem ser vistos nos lagos em vasos de cerâmica ao redor de templos, santuários, edifícios da realeza e até mesmo em fachadas de lojas nas principais cidades da Tailândia, geralmente acompanhados por pequenos peixes betta, que são nativos do país. Nenhuma dessas fontes de água, com ou sem peixes, apresentam larvas de mosquitos; às vezes têm girinos, caracóis ou insetos barqueiros (quando não são tratados quimicamente ou são um chafariz).

Um cultivar rosa de Nymphaea, nativa da Tailândia, leva o nome de Nang Kwak, a deusa da fortuna. Essa "Dama Acenando tem sido usada há muito tempo por comerciantes e vendedores de baixo nível, e é o único amuleto cujo significado inicial está no mercado" (página 365 do artigo *A Geografia Sagrada dos Mercados de Bangkok*). Nessa pesquisa, a autora descreve a "espiritualidade mercantil" como nada de novo, embora a sua popularidade tenha aumentado nas últimas décadas. Uma "religião da prosperidade" moderna mostra que, à luz de uma paisagem capitalista em rápida expansão, a espiritualidade, o folclore e a tradição não estão em conflito com a modernidade.

A cultura tailandesa mostra como o animismo e o politeísmo são práticas espirituais contemporâneas por definição. No Ocidente, onde as religiões monoteístas se estabeleceram brutalmente como norma, o paganismo é muitas vezes enquadrado como algo do passado e os seus praticantes são reduzidos a reencenadores históricos.

Mas enquadrar o Budismo como um substituto do paganismo, por exemplo, é completamente irrelevante e inadequado quando se observa a religião cívica da Tailândia. A fusão do folclore tailandês, do budismo e do hinduísmo, está tudo menos enfraquecida diante a metropolização desenfreada. Não há nada de intrinsecamente contraditório em trazer essas tradições e crenças espirituais para o domínio das sociedades capitalistas contemporâneas; na verdade, elas podem ser uma tábua de salvação ao lidar com a falta de alma na metrópole.

Ficha catalográfica

Dados Internacionais de Catalogação na Publicação (CIP)
(Câmara Brasileira do Livro, SP, Brasil)

Wabi-Sabi, Mirna
    Mata dos minilagos / Mirna Wabi-Sabi. -- Niterói,
RJ : Plataforma9, 2024.

    Bibliografia
    ISBN 978-65-85267-06-9

    1. Ambientalismo 2. Cidades - Aspectos ambientais
3. Lagos 4. Urbanismo I. Título.

24-216776   CDD-711

Índices para catálogo sistemático:

1. Urbanismo   711

Eliane de Freitas Leite - Bibliotecária - CRB 8/8415

Referências

Visite o site da Plataforma9 para acessar todas
as referências de cada artigo em hiperlinks.

PLATAFORMA9P9.COM/BLOG
/CATEGORIES/AMBIENTALISMO